DIE SPRACHE DER TIERE

Wie einfallsreich Wolf, Pinguin und Fledermaus kommunizieren

Geschrieben von
Dr. Michael Leach und Dr. Meriel Lland

Illustriert von
Asia Orlando

DK

DK | Penguin Random House

Text Dr. Michael Leach, Dr. Meriel Lland
Illustrationen Asia Orlando

Lektorat Kieran Jones, James Mitchem, Sarah Larter
Gestaltung und Bildredaktion Sonny Flynn, Charlotte Jennings, Charlotte Milner, Bettina Myklebust Stovne, Sif Nørskov, Di Peyton Jones
Herstellung Dragana Puvacic, Magda Bojko, Magda Pszuk

Für die deutsche Ausgabe:
Verlagsleitung Monika Schlitzer
Programmleitung Heike Faßbender
Redaktionsleitung Martina Glöde
Projektbetreuung Angelika Herre
Herstellungsleitung Dorothee Whittaker
Herstellungskoordination Bettina Bähnsch
Herstellung und Covergestaltung Verena Marquart

Titel der englischen Originalausgabe:
Animal Talk

Übersetzung Eva Sixt
Lektorat Elena Bruns

ISBN 978-3-8310-4841-0

Druck und Bindung Leo Paper Products, China

FSC www.fsc.org MIX Papier | Fördert gute Waldnutzung FSC® C018179

www.dk-verlag.de

INHALT

WAS IST KOMMUNIKATION?

Auf der Erde werden fast 7000 verschiedene Sprachen von Menschen gesprochen, aber Sprache macht nur etwa 7 Prozent unserer Kommunikation aus. Die restlichen 93 Prozent geschehen mit Körpersprache. Dazu gehören zum Beispiel eine typische Handbewegung oder ein Lächeln, aber auch viele andere Verhaltensweisen oder sogar Gerüche übermitteln Informationen.

Genau wie wir Menschen tauschen auch Tiere Informationen aus und das tun sie nicht nur mit Lauten. Vögel, Käfer, Säugetiere und all die anderen Tiere haben noch weitere faszinierende Möglichkeiten entwickelt, um mit ihren Familien, Freunden, Konkurrenten und Feinden Informationen auszutauschen.

Die Kommunikation der Tiere steckt voller Überraschungen. Wusstest du, dass Elefanten mit ihren Fußsohlen hören? Oder dass ein Pinguin die Stimme seines eigenen Kükens unter 100 000 anderen Küken heraushören kann? Es gibt goldene Käfer, die sich rot färben, wenn sie sich erschrecken. Krokodile erlauben es hungrigen Vögeln, in ihr Maul zu hüpfen und ihnen die Zähne zu putzen, sodass ihr Atem immer frisch bleibt. Erkunde einige der aufregendsten, seltsamsten und heimlichsten Weisen, wie Tiere miteinander und mit uns kommunizieren.

WARUM TIERE KOMMUNIZIEREN

Für viele Tierarten ist es lebenswichtig, mit anderen Tieren Informationen auszutauschen. So finden sie Nahrung oder Partner, fechten die Rangordnung aus oder verteidigen ein Revier. Auch das Großziehen der Jungen funktioniert nur mit Kommunikation. Dabei setzen Tiere Laute, optische Signale, Gerüche und andere Tricks ein.

GEMEINSAM

Schwertwale sind intelligente Raubtiere, die im Team jagen. Dabei verständigen sie sich mit ihren Rufen und Pfiffen und stupsen sich gegenseitig an. Die älteren Tiere bringen den Kälbern die Jagdtaktik bei. Jeder Wal übernimmt in der Gruppe eine bestimmte Aufgabe.

ICH BIN DER BOSS!

Bei Gorillas sind die männlichen Silberrücken die Chefs der Gruppe. Sie trommeln sich auf die Brust, um dies allen zu verkünden.

KROKODILBABYS

„Hallo, ihr da draußen, ich komme jetzt!", kündigen Krokodilbabys mit einem Piepsen an, bevor sie aus ihren Eiern schlüpfen. Die Mutter und die anderen Babys in ihren Eiern hören es und alle Jungen schlüpfen gleichzeitig. Die Mutter trägt ihre Kinder dann vorsichtig im Maul zum Wasser.

REVIERE MARKIEREN

Guanakos setzen Kothaufen an den Grenzen ihrer Reviere ab. Das bedeutet: „Mach dich vom Acker, dies hier ist mein Revier!“

UM FUTTER BETTELN

Nicht nur Menschen teilen sich das Essen. Auch Azurelstern betteln ihre Freunde um Futter an. Sie rufen dann hungrig und flattern wie Küken mit den Flügeln. Oft haben sie Erfolg und bekommen einen Leckerbissen überreicht.

WEIBCHEN BEEINDRUCKEN

Pfauenmännchen wissen genau, wie man die Weibchen beeindruckt. Sie rufen laut und schlagen ihr prächtiges Rad. Um noch mehr Aufmerksamkeit zu erregen, drehen sie sich dabei stolz nach allen Seiten.

Hahn

KIKERIKI!

Ein Hahn hat eine enorm laute Stimme. Am Morgen kräht er: „Kikeriki!", um die Gruppe zu wecken. Damit verkündet er gleichzeitig, dass er der Chef ist. Hähne krähen oft auch, bevor die Sonne untergeht, sodass sich die Hühner auf Bäumen oder im Stall in Sicherheit bringen können. Es dauert bis zu acht Monate, bis ein Hahn gelernt hat, ordentlich zu krähen.

LAUTSTARK

Unter den Tieren, die mit Lauten kommunizieren, sind Hühner besonders schwatzhaft. Etwa 30 verschiedene Laute bedeuten zum Beispiel „Guten Morgen!", „Hilfe!" oder „Mir geht es gut". Auch die Rangordnung wird mit Lauten aufrechterhalten. Der Hahn und eine Henne stehen an der Spitze.

Hühner

ANSPRUCHSVOLLE UNTERHALTUNG

Wenn ein Hahn Nahrung findet, ruft er: „Tuck, tuck, tuck", damit die anderen Hühner herbeikommen. Ähnliche Laute machen die Hennen, wenn sie Leckerbissen für ihre Küken gefunden haben. Die Sprache der Hühner ist sehr kompliziert. Sie benutzen bestimmte Rufe, wenn ein Räuber aus der Luft angreift, und andere, wenn sich ein Raubtier am Boden nähert. Wie Menschenbabys müssen auch Küken diese Sprache erst lernen.

Die Lautstärke wird in Dezibel gemessen. Ein Hahn kräht mit 90 Dezibel – etwa so laut, wie ein Hund bellt.

Goldammer

WOHER KOMMST DU?

Singvögel singen im Dialekt ihrer Region und ihre Küken ahmen den Gesang beim Lernen nach. Expertinnen und Experten können am Dialekt eines Zugvogels erkennen, woher er stammt. Um 1860 wurden in Neuseeland britische Goldammern ausgesetzt. Noch heute singen ihre Nachkommen mit britischem Akzent.

Weißglöckner

DER LAUTESTE SÄNGER

Kein anderer Vogel hat eine so laute Stimme wie der Weißglöckner, der im Amazonas-Regenwald lebt. Sein Ruf erreicht etwa 125 Dezibel und ist fast so laut wie ein Rockkonzert.

WAS FÜR EIN GEBRÜLL!

Mit Lauten senden viele Tiere anderen freundliche, aber auch unfreundliche Botschaften. Alle diese Informationen sind für das Überleben wichtig, Alarmrufe ebenso wie ein freundliches „Hallo“ zur Begrüßung.

Ein Löwe kann mit 114 Dezibel brüllen. Dann hörst du die Raubkatze noch in 8 Kilometern Entfernung.

WER IST LAUTER?

Wenn ein Löwe die Stärke und den Zusammenhalt eines fremden Rudels austesten will, nähert er sich der Gruppe und brüllt laut und wild. Allzu nah kommt er den Rivalen allerdings nicht. So zeigt er seine Stärke und macht deutlich, dass er seine Chance ergreifen wird, wenn das Rudel ein Zeichen von Schwäche zeigt.

BRÜLLAFFEN

Kein anderes Tier kann so laut rufen wie ein Brüllaffe. Diese Affen leben in kleinen Gruppen und versammeln sich bei Sonnenaufgang, um ihr ohrenbetäubendes Konzert ertönen zu lassen. Es ist eine Warnung an fremde Affen, die sich von ihnen fernhalten sollen. Brüllaffen rufen mit weit geöffnetem Maul. Regen können sie gar nicht leiden. Bei einem Gewitter klingt ihr Gebrüll daher ziemlich kläglich.

ZURÜCKGEBRÜLLT

Das Löwenrudel, das angebrüllt wurde, hält jetzt zusammen. Alle Löwen brüllen gemeinsam und klingen deshalb natürlich viel lauter und beeindruckender. Sie wollen erreichen, dass der Herausforderer es sich gründlich überlegt, bevor er versucht das Rudel als Anführer zu übernehmen.

KLEIN, ABER LAUT

Machen die größten Tiere auch den allermeisten Lärm? Nicht immer. Einige kleine Tiere wie zum Beispiel Heuschrecken sind erstaunlich laut. Und sie müssen dabei nicht einmal ihren Mund aufmachen.

HEUSCHRECKENGESANG

Heuschrecken gehören zur Gruppe der Insekten. Sie zirpen, indem sie mit ihren Beinen über die Kanten ihrer Flügel reiben.

Das lauteste Insekt der Welt ist die afrikanische Zikade. Ihr Zirpen ist so laut wie ein Motorrad, das nah an dir vorbeibraust.

GANZ SCHÖN SCHRILL!

An den Hinterbeinen der Heuschrecke bilden viele kleine Zapfen eine sogenannte Schrillleiste. Mit ihr reibt das Insekt über eine Flügelkante. Man nennt dieses Verhalten Stridulieren. Es ist so ähnlich, wie wenn du mit dem Fingernagel über die Zinken eines Kamms streichst. Heuschrecken haben keine Ohren am Kopf. Sie nehmen Geräusche mit ihrem Hinterleib wahr.

CHOR DER NASENSCHRECKEN

Eine einzelne Heuschrecke ist schon sehr laut, aber ein ganzer Chor klingt noch viel eindrucksvoller. Nasenschrecken-Männchen stridulieren gemeinsam und man hört sie noch in weiter Ferne. Je lauter der Chor singt, desto mehr Partnerinnen werden angelockt. Das Stridulieren bedeutet: „Hier sind wir! Kommt herbei!"

MAULWURFSRATTE

Die mürrischen Maulwurfsratten leben in Ostafrika. Auf der Suche nach Pflanzenwurzeln wandern sie durch ihre unterirdischen Gänge. Sie mögen keine Gesellschaft, daher kämpfen zwei Tiere miteinander, wenn sie sich zufällig begegnen. Um solche unerfreulichen Zusammenstöße zu vermeiden, schlagen sie mit ihren Köpfen an die Decke des Baus. Das ist eine Warnung an die Artgenossen und bedeutet: „Verzieh dich, dieser Bau ist schon besetzt!"

HOHE TÖNE

Einige Tiere unterhalten sich mit sehr hohen Tönen, die man als Ultraschall bezeichnet. Kinder, Hunde, Fledermäuse und Delfine hören Ultraschall viel besser als Erwachsene, die ihn meist nicht wahrnehmen.

IN DEN BAUMKRONEN

Koboldmakis sind kleine Primaten mit Glubschaugen. Die scheuen nachtaktiven Tiere leben in asiatischen Wäldern. Wenn sich Koboldmakis sicher fühlen, plaudern sie in hohen Tönen miteinander. Fühlen sie sich bedroht, sind ihre Rufe so hoch, dass die meisten anderen Tiere sie nicht hören können. So finden sich die kleinen Kobolde in der Dunkelheit, aber Feinde hören nicht, wo sie sich aufhalten.

Koboldmaki

GEHEIME GESÄNGE BELAUSCHEN

In der Nacht singen Koboldmaki-Pärchen im Duett, um ihre Freundschaft zu festigen. Beide Partner sperren dabei ihre Münder weit auf, aber Menschen können ihre lieblichen Gesänge nicht hören. Mit Detektoren kann man sie jedoch in für uns wahrnehmbare Laute umwandeln. Dann hört man, wie die Makis sich miteinander unterhalten und sich zurufen.

Mit Saugnäpfen am Körper halten sich die Kaulquappen an glitschigen Steinen fest.

AM RAUSCHENDEN WASSER

Diese Froschart lebt in Wäldern auf der Insel Borneo an Flüssen und Wasserfällen. Andere Frösche quaken oder pfeifen, aber das laute Rauschen des Wassers würde solche Rufe übertönen. Diese Frösche sind die einzigen Frösche, die Ultraschalllaute hervorbringen. Weil diese Töne höher sind als das Rauschen des Wassers, können die Frösche sich gegenseitig hervorragend hören.

WALGESÄNGE

Schallwellen breiten sich in der Luft mit etwa 1225 Stundenkilometern aus und im Wasser gleich viermal so schnell. Das ist der Grund, weshalb sich Wale über unglaublich weite Entfernungen miteinander verständigen können.

LAUTE DER BUCKELWALE

Buckelwalbullen gehören zu den gesprächigsten Tieren. Sie wispern, kreischen und stöhnen. Außerdem bringen sie Laute hervor, die wie Pistolenschüsse klingen. Mit Hydrophonen können wir den Walgesängen lauschen. Manchmal hört man Dutzende Wale gleichzeitig singen. Ein Bulle, der 7 Stunden lang ununterbrochen sang, hält bisher den Rekord.

VERSTÄNDIGUNG IM MEER

Die Laute haben verschiedene Bedeutungen. Wenn ein Wal ein „Wupp“ von sich gibt, bedeutet das „Hallo“. Die Meeressäuger teilen ihren Freunden mit einem speziellen Ruf mit, wo es viel Nahrung gibt. Die Buckelwale in Alaska machen mit einem typischen Ruf auf Heringe aufmerksam. Jede Walgruppe hat ihren eigenen unverwechselbaren Gesang.

Springt ein männlicher Buckelwal aus dem Wasser, zeigt er den Weibchen, wie fit er ist.

Die Mütter und die Kälber wispern sich leise Botschaften zu, damit Räuber sie nicht hören können.

GROẞER TÜMMLER

Diese Delfine machen Klick- und Pfeiflaute. Die Schallwellen der Klicks werden von Dingen oder anderen Tieren zurückgeworfen. So nehmen die Delfine ihre Umgebung wahr. Wenn sie Gesellschaft suchen, Angst oder Hunger haben, pfeifen sie.

HALLO ZUSAMMEN!

Wenn Buckelwale aus dem Wasser springen und sich in der Luft drehen, bevor sie wieder ins Meer eintauchen, übermitteln sie eine Botschaft. Sind die Tiere wütend, schlagen sie mit der Schwanzflosse heftig auf die Wasseroberfläche.

Die Schwanzflosse wird aus dem Wasser gestreckt, um Rivalen zu vertreiben.

TIERISCHES GEPLAUDER

Tiere, die allein leben, müssen nicht allzu viel kommunizieren, während gesellige Arten viel mitteilungsfreudiger sind. Wölfe leben in Rudeln. Sie spielen miteinander, streiten sich und beschützen sich gegenseitig. Wie Menschen tauschen sie ständig Informationen aus, damit die Gemeinschaft funktioniert. Das tun sie mit Lauten, Gerüchen und Körpersprache.

WAS DIE OHREN VERRATEN

Wölfe hören nicht nur mit ihren Ohren, sondern sie senden auch Signale mit ihnen aus. Aufgestellte Ohren und gefletschte Zähne bedeuten, dass der Wolf wütend ist. Legt er die Ohren zurück und kneift die Augen zusammen, ist er wachsam. Hat er Angst, legt er die Ohren an den Kopf an.

Misstrauischer Wolf

Wütender Wolf

DIE KÖRPERSPRACHE

Wölfe kommunizieren mit Körpersprache. Mit ihrer Körperhaltung und der Stellung der Ohren teilen sie ihre Stimmung und ihren Rang in der Gruppe mit und zeigen, wenn sie wütend sind. Ein ranghöheres Tier hält seinen Schwanz hoch erhoben. Ein Wolf, der angreifen will, hält ihn fast waagerecht, während rangniedrige Wölfe den Schwanz zwischen die Hinterbeine klemmen.

Ranghoher Wolf

Rangniedriger Wolf

Heulender Wolf

DER RUF DER WILDNIS

Wölfe heulen, um ihre Botschaften über weite Entfernungen zu übermitteln. Ein Wolf, der sich verirrt hat, lauscht, ob er sein Rudel hört. Wenn Wölfe gemeinsam heulen, festigen sie ihre Gemeinschaft und verkünden lautstark: „Das ist unser Wald!“ Jeder Wolf hat eine unverkennbare Stimme. Forschende erkennen einzelne Tiere an ihrem Heulen, so wie man Menschen an ihren Fingerabdrücken erkennen kann.

Mutter mit Welpen

Hunde haben ihre Sprache von ihren Vorfahren, den Wölfen, geerbt. Daher sind die Sprachen einander ähnlich.

Dieser Wolf will spielen.

DIE STIMME

Wölfe winseln, knurren, bellen und heulen, um ihre Stimmung auszudrücken. Bellen kann Gefahr bedeuten und ein Knurren ist oft eine Warnung. Eine Wolfsmutter, die ihre Jungen herbeiruft, um sie zu säugen, winselt manchmal.

Wenn sich Familienmitglieder treffen, reiben sie ihre Nasen aneinander, als würden sie sich ein Küsschen geben.

GESPRÄCHIG

Die putzigen Präriehunde sind keine Hunde, sondern Nagetiere, die mit den Eichhörnchen verwandt sind. Sie leben in Nordamerika in Kolonien und kommunizieren auf erstaunlich vielfältige Weise miteinander.

ES WIRD NIE LANGWEILIG

Präriehunde tauschen ständig Informationen aus und sind sehr gesellig. Sie leben im Grasland in ausgedehnten unterirdischen Gangsystemen. Gemeinsam suchen sie nach Nahrung, teilen sich das Futter und putzen sich gegenseitig. Um Nachbarn Hallo zu sagen, rufen sie: „Wiiiiiii-uuuuuh!"

Der Name „Präriehund" kommt daher, dass die Tiere bellen, um sich gegenseitig zu warnen.

KOMPLIZIERTE WARNRUFE

Präriehunde sind Familientiere, die sich gegenseitig beschützen. Nähert sich ein Feind, fiepen sie zur Warnung. Dabei teilen sie mit, um welchen Feind es sich handelt, welche Farbe er hat und ob er aus der Luft oder am Boden angreift. Auch wie schnell er sich nähert und aus welcher Richtung er kommt, teilen sie einander mit.

SELTSAME HALTUNGEN

Präriehunde nehmen sonderbare Körperhaltungen ein. Sie richten sich auf die Hinterbeine auf, strecken die Arme vor, blicken zum Himmel und kreischen: „Iiiiii-iiiiii!" Manchmal bäumen sie sich so schwungvoll auf, dass sie dabei sogar umfallen – aber die ganze Kolonie setzt sich sofort in Bewegung.

IN DER HERDE

Elefanten kommunizieren mit allen Sinnen. Sie hören, riechen und sehen. Dazu setzen sie noch zwei weitere Sinne ein: Sie spüren Vibrationen und unterhalten sich mit Berührungen.

Mit ungefähr 40 000 Muskeln bewegt der Elefant seinen Rüssel. Menschen haben nur 640 Muskeln im Körper.

INFRASCHALL

Wenn Schallwellen eine sehr niedrige Frequenz haben, hören wir das Geräusch zwar nicht, können aber eine Erschütterung (Vibration) wahrnehmen. Man nennt solche Schallwellen Infraschall. Elefanten unterhalten sich über weite Entfernungen mit Infraschall. Er breitet sich im Erdboden aus, sodass andere Elefanten ihn noch in 3 Kilometer Entfernung wahrnehmen können.

SICH GEGENSEITIG BETASTEN

Ein Rüssel ist ein nützliches Werkzeug zur Kommunikation. Wenn sich zwei Elefanten treffen, berühren sie sich an den Ohren, Stoßzähnen, Füßen, am Schwanz und am Rüssel. Mit ihrer Rüsselspitze, die so empfindlich ist wie die Fingerspitze eines Menschen, tasten die beiden ihre Gesichter ab. Elefanten berühren sich mit dem Rüssel, um Freundschaft und Vertrauen zu zeigen, ähnlich wie Menschen, die sich die Hände schütteln.

EMPFINDLICHE FUßSOHLEN

Elefanten hören Infraschall nicht mit ihren Ohren, sondern sie spüren ihn mit den Fußsohlen. Sinneszellen in den Füßen haben dabei Kontakt zum Boden. Manchmal hebt ein Elefant einen Fuß, um besser „hören" zu können. Denn dann lastet mehr Gewicht auf seinen anderen drei Füßen, sodass deren Kontakt mit dem Boden verstärkt wird.

CHOR AM MORGEN

Der Vogelchor beginnt etwa eine Stunde vor Sonnenaufgang. Vor allem die Männchen singen, um Partnerinnen anzulocken und Rivalen zu vertreiben. Vogelarten, die ihre Reviere energisch verteidigen, singen besonders schön. Der winzige Zaunkönig hat eine atemberaubende Stimme. Zaunkönige huschen unauffällig durch das Gebüsch, aber ihr Gesang ist umwerfend.

GESÄNGE UND RUFE

Singvögel sind die talentiertesten Sänger. Doch die Vögel müssen ihre Gesänge erst lernen. Im Frühling singen sie jeden Morgen laut und wunderschön.

Buchfinken können in einer Sekunde 45 Töne singen. Das schafft keine andere Vogelart.

VOGELGESÄNGE

Singvögel besitzen einen speziellen Kehlkopf, den man Syrinx nennt. Mit ihm können sie zwei Töne gleichzeitig hervorbringen. Man unterscheidet Rufe und Gesänge. Die Rufe sind kürzer und bedeuten oft „Achtung!“ oder „Hallo, hier bin ich“. Die Gesänge sind rhythmisch und vielfältig. Männchen zeigen den Weibchen mit ihrem Gesang, dass sie kräftig sind und das Revier verteidigen können. Jede Art hat einen einzigartigen Gesang.

UNVERKENNBARE RUFE

Königspinguine brüten in riesigen Kolonien, die aus bis zu 400 000 Vögeln bestehen. Während die Pinguineltern im Meer Fische fangen, kuscheln sich Tausende Küken aneinander, um sich gegenseitig zu wärmen. Kehrt ein Elternvogel zurück, muss er sein Küken in der laut rufenden Kinderschar identifizieren. Jedes Pinguinküken ruft deshalb einzigartig. Die Eltern erkennen ihr Junges in der Menge und füttern es.

Die hungrigen Küken rufen laut, damit ihre Eltern sie wiederfinden.

Pinguineltern fangen oft tagelang im Meer Fische.

Die Eltern können den Ruf ihres Kükens genau heraushören.

GERÄUSCHE NACHAHMEN

Klingelt das Telefon? Oder ist das ein Flugzeug? Etwa ein Motorrad? Schreit ein Esel im Garten? Nein, ein Vogel sitzt im Baum und gibt ein Konzert!

GROßES MAUSOHR

Das Große Mausohr hat einen Trick, um hungrigen Eulen zu entkommen. Wenn eine Eule sich nähert, summt diese Fledermaus wie eine Hornisse. Weil Eulen Hornissen meiden, suchen sie das Weite.

TALENTIERTER IMITATOR

Ein komplizierter Gesang zeigt, dass der Sänger begabt ist, Erfahrung hat und ein guter Partner wäre. Einige Vogelarten ahmen auch die Stimmen anderer Vögel, Menschenstimmen und Geräusche ihrer Umgebung nach und bauen sie in ihre Gesänge ein. Der Graurücken-Leierschwanz ist einer der talentiertesten Nachahmer. Er imitiert gern Hundegebell, brüllende Babys, Kettensägen, Lastwagen und Autohupen.

WER SINGT DENN DA?

Vögel, die verborgen in den Bäumen sitzen, kannst du mit Übung an ihren Rufen und Gesängen erkennen. Aber einige Arten tricksen ihre Zuhörer aus. Die Katzendrossel ist so gut im Nachahmen von Geräuschen, dass auch andere Vögel darauf hereinfallen. Ihren Namen hat sie bekommen, weil sie miauen kann wie eine Katze.

Katzendrossel

Gartenspottdrossel

DAS REVIER IST BESETZT!

Gartenspottdrosseln ahmen die Rufe von etwa 200 anderen Vogelarten nach. Forschende vermuten, dass sie das tun, da sie mit anderen Vögeln um Plätze zum Brüten konkurrieren. Neuankömmlinge, die in einem Garten brüten wollen, trauen sich nicht, wenn dort bereits ein ganzer Vogelschwarm nistet. Sie suchen sich einen anderen Ort und die Spottdrosseln haben ihr Brutrevier wieder für sich allein.

Fisch-otter

AUFFÄLLIGE DUFTMARKEN

Fischotterkot ist schwarz und schleimig. Der Otter setzt ihn an auffälligen Stellen ab, wie auf einem Felsen im Fluss, denn die Markierung soll gefunden werden. Kothaufen sind so etwas wie wichtige Nachrichten an andere. Fischotter setzen jeden Tag neuen Kot ab, damit die Informationen immer aktuell sind.

HINTERLASSENSCHAFTEN

Alle Tiere hinterlassen Kot, der aus den Resten ihrer Nahrung besteht. Der Kot liefert Informationen über den Gesundheitszustand und die Stimmung des Tiers.

Europäischer Dachs

GEMEINSCHAFTSKLO

Dachse leben in Familiengruppen in unterirdischen Bauen. Sie verteidigen ihr Revier gegen andere Familiengruppen. Alle Dachse hinterlassen ihren Kot am selben Ort. Diese Toiletten an den Rändern des Reviers in einiger Entfernung vom Bau verbreiten den Duft der gesamten Dachsfamilie. So werden die Bindungen zwischen den Familienmitgliedern gestärkt und gleichzeitig ist der Duft eine Warnung an andere Dachsgruppen, die fernbleiben sollen.

Im Kot ist DNA, mit der man das Wanderverhalten von Tierarten erforschen kann.

INFORMATIVE WÜRFEL

Wombats sind Einzelgänger, die keine Fremden in ihrem Revier dulden. Wie viele Tiere markieren sie ihre Reviergrenzen mit Kot. Ungewöhnlich ist aber die Form: Wombat-Kot sieht aus wie ein Würfel. So kann er nicht wegrollen, sondern bleibt an der ausgewählten Stelle liegen. Genial!

Nacktnasenwombat

Flusspferd

SPEZIELLES SPRAY

Wenn Flusspferde mal müssen, wedeln sie heftig mit ihrem Schwanz, sodass ihr Kot in alle Richtungen verspritzt wird. Er fällt ins Wasser und andere Flusspferde werden damit besprüht. Die müffelnden Duftmarken sind wirkungsvolle Reviermarkierungen. Flusspferde kommunizieren mit grunzenden Rufen. Hören sie den Ruf einer fremden Flusspferdgruppe, fangen sie sofort an ihren Kot zu versprühen, damit der Geruch die Eindringlinge abschreckt.

HIER WOHNE ICH!

Wir kennzeichnen unsere Wohnungen und Häuser – man könnte sagen, unsere Reviere – mit Wörtern und Zahlen. Die Adresse und die Hausnummer sorgen dafür, dass andere Menschen uns finden. Viele Tiere markieren ihr Revier mit ihrem Urin.

GALAGO

Galagos pinkeln sich absichtlich auf die Handflächen, damit alles, was sie anfassen, nach ihnen riecht.

Großer Panda

TURNÜBUNG

Große Pandas sehen nicht gerade wie Sportskanonen aus, aber beim Pipimachen sind sie wahre Leistungsturner. Sie stellen sich im Handstand vor einen Baum und pinkeln an den Stamm. Ihr Urin übermittelt jede Menge Informationen wie zum Beispiel ob sie bereit sind, sich zu paaren. Der Wind trägt den Duft durch den Bambuswald zu anderen Pandas.

WENN TIERE FLEHMEN

Manche Tiere schneiden seltsame Grimassen und schnuppern dabei in die Luft. Das bedeutet, dass sie gerade spannende Düfte wahrnehmen. Sie verziehen den Mund, damit der Geruch zum Jacobson-Organ in ihrem Gaumen gelangt. Es nimmt die chemischen Botschaften im Urin, Kot oder Schweiß anderer Tiere wahr. Man nennt dieses Verhalten Flehmen.

Tiger

Manche Tiere besitzen ein Jacobson-Organ im Maul, mit dem sie Geruchsstoffe wahrnehmen.

URINMARKIERUNGEN

Tiger verständigen sich wie die meisten Raubkatzen mit Gerüchen. Besonders gern spritzen sie ihren Urin an senkrechte Flächen. Mit dieser Duftmarke verkünden sie klipp und klar: „Das ist mein Revier!“ Forschende ermitteln die Anzahl von Tigern in bestimmten Gebieten, indem sie die DNA entschlüsseln, die im Urin enthalten ist. Sie ist bei jedem Tier einzigartig.

AUFREGENDE DÜFTE

Viele Tiere besitzen spezielle Drüsen, um Duftstoffe zu bilden. Diese Duftstoffe übermitteln Botschaften an andere Tiere.

TRÄNENFÖRMIGE DRÜSEN

Die afrikanischen Kirk-Dikdiks leben nicht in Herden, sondern je ein Männchen und ein Weibchen behaupten ein Revier. Drüsen unter den Augenwinkeln der kleinen Antilopen sondern eine wachsartige Substanz ab, deren Duft fremde Kirk-Dikdiks abschrecken soll. Die Drüsen sehen wie große schwarze Tränen aus.

FAULTIERE

Faultiere sind Meister der Tarnung. Sie brauchen kein Deo, denn diese Tiere haben keinen eigenen Körpergeruch. Sie schwitzen nur an der Spitze ihrer Nase und ihr restlicher Körper riecht nach Wald. In ihrem Fell wachsen grüne Algen, sodass sie in den Baumkronen perfekt getarnt sind.

DUFTDRÜSEN

Duftdrüsen können sich an allen möglichen Stellen befinden. Bei Kattas sitzen sie an den Handgelenken. Hirsche haben zwischen den Zehen Duftdrüsen, sodass sie bei jedem Schritt eine Botschaft hinterlassen. Bei Elefanten befinden sich die Drüsen vor den Ohren und bei Füchsen unter dem Schwanz.

STINKWETTKÄMPFE

Katta-Männchen reiben ihre Schwänze mit Duftstoffen ein. Wer den aufregendsten Duft verbreitet, darf sich mit den Weibchen paaren.

LOCKSTOFFE

Atlasspinner leben nur etwa 12 Wochen. Die meiste Zeit davon verbringt der Nachtfalter als Raupe. Wenn der Falter aus der Puppenhülle schlüpft, lebt er höchstens noch 6 Tage lang und hat nur eine einzige Aufgabe: Er muss sich paaren und Eier legen. Die Weibchen geben Pheromone ab, die sogar 5 Kilometer entfernte Männchen mit ihren Fühlern wahrnehmen. Sie fliegen herbei, um sich mit dem Weibchen zu paaren.

GEHEIM-BOTSCHAFTEN

Pheromone sind chemische Stoffe, die bei den Mitgliedern einer Tierart ein bestimmtes Verhalten auslösen. Sie sind sehr wirkungsvolle Botenstoffe. Die Duftstoffe, die im Kot und Urin sind, enthalten zwar auch Botschaften, aber Pheromone beeinflussen das Verhalten viel direkter.

KLEBRIGE ANGEL

Bolaspinnen angeln sich ihre Mahlzeit. Die Spinne gibt Pheromone ab, die denen von Nachtfaltern ähneln. Nachtfalter-Männchen fliegen herbei, weil sie glauben, ein Falter-Weibchen hätte den Duft ausgesendet. Stattdessen wartet die Bolaspinne mit einem Seidenfaden, an dessen Ende sich ein Klebstofftröpfchen befindet. Den schleudert sie auf den Falter, der kleben bleibt und gefressen wird.

Amerikanische Bolaspinne

Eulenfalter

Den Trick, mit dem Bolaspinnen Falter anlocken, nennt man aggressive chemische Mimikry.

Rote Waldameise und Bläulingsraupe

RAFFINIERTE SCHMETTERLINGSRAUPEN

Schwarzgefleckte Ameisenbläulinge trinken Blütennektar, aber ihre Raupen ernähren sich anders. Zunächst scheiden sie eine klebrige, süße Flüssigkeit aus, die hungrige Rote Waldameisen anlockt. Nun geben die Raupen Pheromone ab, die den Geruch von Ameisenlarven nachahmen. Die Ameisen fallen auf das Täuschmanöver herein und tragen die Raupen in ihr Nest. Dort verwandeln die Raupen sich in kleine Räuber, die die echten Ameisenlarven auffressen.

AMEISEN-KOLONIE

Rote Waldameisen leben in großen Kolonien zusammen. Die Tiere verständigen sich mit Pheromonen.

Alle Ameisen der Erde wiegen zusammen mehr als die gesamte Menschheit.

RIESENKOLONIEN

Rote Waldameisen leben in Ameisenhügeln, welche die Arbeiterinnen der Kolonie errichten. In einem Nest leben bis zu 400 000 Waldameisen, die sich miteinander verständigen müssen.

Die Ameisen nehmen mit ihren Fühlern Pheromone wahr. So erkennen sie ihre Freunde und Feinde und erfahren, wenn eine andere Ameise Hilfe braucht.

DUFTSPUREN

Wenn eine Ameise eine gute Futterquelle gefunden hat, markiert sie den Weg dorthin mit einem Pheromon. Auch alle anderen Ameisen, die auf dieser Ameisenstraße laufen, markieren sie mit Botenstoffen. Ameisen laufen deshalb nicht ungeordnet durcheinander, sondern in langen Reihen. Jedes Insekt folgt der Spur, die die Ameise vor ihr gelegt hat.

JEDE MENGE INFORMATIONEN

Wenn das Futter in der Ameisenkolonie knapp ist, bewirken spezielle Pheromone, dass die Ameisenlarven nicht mehr wachsen. Gibt es wieder genug Nahrung, sorgen andere Pheromone dafür, dass die Larven sich weiterentwickeln. Beißt eine Ameise einen Feind, sondert sie Duftstoffe ab, sodass andere wehrhafte Ameisen ihr zu Hilfe kommen.

Wenn Ameisen in Gefahr sind oder ein Beutetier töten wollen, geben Pheromone die Anweisung, dass sich in ihrem Hinterleib Säure bildet, die sie auf ihr Opfer oder einen Angreifer verspritzen.

ZAHNPFLEGE

Einem Krokodil direkt ins Maul zu hüpfen scheint nicht besonders schlau zu sein, aber Krokodilwächter machen genau das, um sich ihr Frühstück zu holen. Wenn Krokodile Fleisch fressen, bleiben immer kleine Stücke zwischen ihren Zähnen stecken. Die Reptilien haben gelernt, ganz still zu halten und das Maul weit aufzusperren. Das ist ein Signal für den Krokodilwächter: Der Vogel hopst hinein und pickt die Fleischreste auf.

VERBÜNDETE

Die meisten Tiere tauschen nur mit Mitgliedern ihrer eigenen Art Informationen aus. Doch einige Tierarten verständigen sich auch mit anderen Arten.

Putzerlippfisch

PUTZTRUPPE

Putzerlippfische bieten viel größeren Raubfischen ihre Dienste an. Mutig befreien die kleinen Fische ihre gefährlichen Kunden von Seeläusen und abgestorbenen Hautschuppen. Zunächst müssen sich beide Partner einig werden. Dazu tanzt der Putzerlippfisch im Wasser, während sein Kunde stillhält. Dies ist das Signal, dass der Putzerlippfisch mit der Arbeit beginnen kann.

Kojote

JAGDGEFÄHRTEN

Präriehunde sind schnell und schlagen Haken, bevor sie in ihren unterirdischen Bauen verschwinden. Hin und wieder arbeiten hungrige Kojoten und Silberdachse zusammen, um die Nagetiere zu erbeuten. Die schnellen Kojoten jagen die Präriehunde und wenn einer im Bau verschwindet, gräbt der Silberdachs ihn aus. Man weiß aber noch nicht, wie sich die beiden Raubtiere miteinander verständigen.

Silberdachs

Rabenflügel

DORT DRÜBEN, SIEH HIN!

Zwar können Rabenvögel nicht mit dem Finger auf etwas zeigen, aber sie deuten mit einem Flügel oder Schnabel auf Futter oder bei Gefahr auf einen Feind. Ein Menschenbaby braucht fast ein Jahr, um diese Fähigkeit zu erlernen. Außerdem können Raben zählen und setzen Werkzeuge schlau und geschickt ein.

RABEN UND WÖLFE

Raben sind sehr intelligent. Sie lösen Aufgaben, die sonst nur Menschen und andere Primaten begreifen. Rabenvögel verständigen sich mit Körpersprache: Sie zeigen sich gegenseitig und anderen Tierarten, in welche Richtung sie schauen müssen.

Kolkrabe

Timberwolf

SPIELGEFÄHRTEN

Kolkraben folgen oft Wölfen und fressen die Überreste ihrer Beute. Einige freunden sich mit Wolfswelpen an. Sie spielen mit ihnen mit Stöckchen Tauziehen.

Das Volk der Inuit, das in der Arktis lebt, nennt die Kolkraben „Wolfsvögel".

WÖLFE HERBEIRUFEN

Wenn Raben ein Tier entdecken, das auf natürliche Weise gestorben ist, haben sie ein Problem: Ihre Schnäbel sind nicht kräftig genug, um den Körper zu öffnen. Deshalb krähen sie laut und fliegen über dem toten Tier, um Wölfe herbeizuholen.

Die Wölfe öffnen den toten Körper, sodass sie gemeinsam mit den Raben fressen können.

WIE DU MIR, SO ICH DIR

Rabenvögel erwarten von ihren Freunden, dass sie sich an die Regeln halten. Wenn andere das Futter mit ihnen teilen, sind sie Freunde, mit denen sie auch spielen und rangeln. Behalten sie die besten Stücke für sich, werden sie ignoriert. Rabenvögel erkennen die Gesichter von Menschen und merken sie sich genau. Wenn ein Mensch sie oder ihre Jungen bedroht, warnen sie die anderen Raben vor der Gefahr.

Erdkröte

BEEINDRUCKENDE KRÖTE

Für eine Schlange ist es nicht klug, ihr Gift an ein Tier zu verschwenden, das so groß ist, dass sie es nicht als Ganzes verschlingen kann. Macht ein kleines Tier sich größer, als es ist, greift die Schlange daher womöglich nicht an. Wenn eine Erdkröte eine Schlange entdeckt, stellt sie sich auf die Zehenspitzen und ist dann viel höher. Das bedeutet: „Ätsch, du schaffst es niemals, mich zu verschlingen!"

Perlhuhn-Kugelfisch

SICH AUFBLÄHEN

Perlhuhn-Kugelfische leben in tropischen Meeren. Sie schwimmen langsam und wären leichte Beute für hungrige Tigerhaie. Doch bei Gefahr plustern sie sich enorm auf, indem sie Wasser verschlucken. In knapp 15 Sekunden schwillt der Kugelfisch an wie ein riesiger Ballon. Er ist dann so groß wie ein Volleyball und Raubfische schaffen es nicht, ihn zu verschlucken.

Man nennt es deimatisches Verhalten, wenn Tiere sich größer machen, als sie sind.

TÄUSCHEN UND TRICKSEN

Bei einer Auseinandersetzung spielt die Größe eines Tiers eine wichtige Rolle, denn oft hat ein größeres Tier eine höhere Chance zu überleben. Viele Arten machen sich deshalb größer, als sie in Wirklichkeit sind, und manche haben erstaunliche Tricks.

HAARSTRÄUBEND!

Es ist nicht zu übersehen, wenn ein Schimpanse Angst hat oder wütend ist, denn dann sträubt sich sein Fell und er sieht viel größer aus. Andere Schimpansen erkennen das gleich. Die Haare richten sich auf, weil sich kleine Muskeln in der Haut zusammenziehen. Das Gleiche passiert, wenn wir bei Kälte eine Gänsehaut bekommen.

Brillenschlange

Schimpanse

AUGENFLECKEN

In Südasien lebt die hochgiftige Brillenschlange. Wenn sie sich aufbäumt und zischt, ist sie nicht wütend, sondern sie hat Angst und droht einem größeren Gegner. Dabei kann sie ihre Nackenhaut zu einer Haube ausbreiten. Das bedeutet: „Ich bin groß, leg dich nicht mit mir an!" Augenflecken an der Haubenrückseite sollen den Feind zusätzlich einschüchtern und ihre glatten Schuppen schützen ihren Körper.

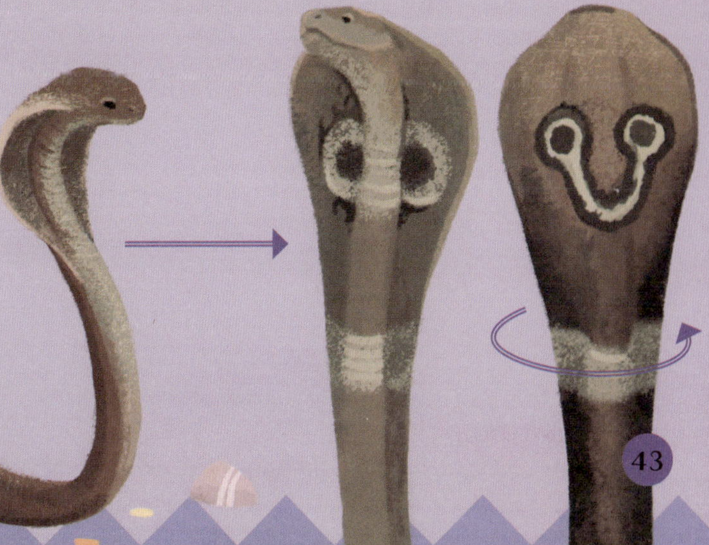

TRICKREICH

Tiere sind sehr erfinderisch, wenn es darum geht, Nahrung aufzuspüren oder sich in Sicherheit zu bringen. Einige tricksen und täuschen ohne schlechtes Gewissen. Es gibt den Spruch, dass ein Tier niemals lügt, aber das stimmt nicht, denn manche tun es die ganze Zeit.

ACHTUNG!

Trauerdrongos sind schlaue Vögel, die sich in der Wüste Kalahari oft in der Nähe von Erdmännchen aufhalten. Die Erdmännchen und die Drongos kennen die Alarmrufe der anderen Art genau. Sie bedeuten, dass sich ein Raubtier nähert.

TRICKSER UND DIEBE

Hat ein Erdmännchen eine fette Made ausgegraben, die ein Vogel appetitlich findet, gibt er falschen Alarm. Wenn die Erdmännchen in ihre unterirdischen Baue fliehen, stößt der Drongo aus der Luft herab und schnappt sich die Made. Drongos beherrschen über 50 verschiedene Alarmrufe.

PAVIANE

Wenn kleine Paviane von ihrer Mutter zurechtgewiesen werden, stoßen sie manchmal einen Alarmruf aus, der „Achtung, Gefahr!“ bedeutet. Die Mama fällt aber höchstens einmal auf den Trick ihres Kindes herein.

LISTIGE REIHER

Einst wurde ein Mangrovenreiher beobachtet, der sich Brotreste aus einem Futterhäuschen in einem Garten schnappte. Normalerweise fressen diese Vögel Fische und Frösche, aber kein Brot. Vogelfreunde wollten diesem Verhalten auf den Grund gehen und verfolgten den Reiher. Er warf das Brot in einen See. Bald schwammen Fische herbei und knabberten am Brot. Der Reiher packte einen Fisch und verschlang ihn. Inzwischen haben Tausende Mangrovenreiher diesen Trick gelernt.

Östliche Korallenotter

WARNSIGNAL

Verschiedene Tierarten signalisieren, dass es sehr gefährlich ist, sie zu fressen. Aber das ist nur ein Trick, denn sie sind völlig harmlos.

Scharlachrote Milchschlange

WARNUNG

Wenn die Östliche Korallenotter zubeißt, spritzt sie mit ihren Zähnen ein gefährliches Gift in ihr Opfer. Ihre bunt gestreifte Haut signalisiert ihren eigenen Feinden, dass sie ungenießbar und wehrhaft ist. Die rot-gelb-schwarze Zeichnung ist also eine Warnfärbung.

TÄUSCHUNG

Die Scharlachrote Milchschlange ist nicht giftig, aber ihr Muster ähnelt dem der Östlichen Korallenotter. Die Milchschlange ahmt also die Warnfärbung einer viel gefährlicheren Schlange nach. Man nennt eine solche Täuschung Schutz-Mimikry.

Östliche Korallenotter

Scharlachrote Milchschlange

REIHENFOLGE DER FARBEN

Die Farbringe der beiden Arten sind unterschiedlich angeordnet. Da beide in Nordamerika leben, halten die Menschen dort sie mit diesem Spruch auseinander: „Red on yellow, kill a fellow; red on black, venom lack." Das bedeutet: „Rot neben Gelb: tötet einen Menschen; Rot neben Schwarz: kein Gift."

BÖSE BLUME

Die Orchideenmantis ist perfekt getarnt. Ihr Trick stellt das Gegenteil der Schutz-Mimikry dar. Die Mantis gibt sich harmlos, indem sie sich als Blüte tarnt, obwohl sie sehr gefährlich ist. Kommt ein Insekt auf der Suche nach Blütennektar herbeigeflogen, packt die Gottesanbeterin es blitzschnell, um es zu verspeisen.

Die Mantis packt ihr Opfer blitzschnell.

Orchideenmantis

AUGENFLECKEN

Dieser kubanische Frosch trägt große Augenflecken auf dem Hinterteil. Bei Gefahr reckt er seinen Po empor. Der Feind wird von den Augen, die ihn wild anstarren, abgeschreckt und sucht das Weite.

Lidblasenfrosch (*Physalaemus nattereri*)

Geier setzen sich gern auf einen erhöhten Aussichtspunkt, damit sie den Überblick haben.

ACH, DU SCHRECK!

Truthahngeier verzehren das Fleisch toter Tiere. Wenn sie zum Aas fliegen, wissen auch andere Tiere, dass es dort Nahrung gibt. Um andere Räuber davon abzuhalten, ihnen das Futter streitig zu machen, lenken die Geier ihre Feinde auf eine ziemlich eklige Art ab.

EIN AASFRESSER

Der Geier ist darauf spezialisiert, Aas zu fressen. Er segelt hoch am Himmel und hält Ausschau nach toten Tieren. Wenn er eines erspäht hat, stößt er herab, um sich satt zu fressen.

SEEHASE

Diese scheinbar wehrlose Meeresschnecke stößt bei Gefahr eine Tintenwolke aus, um ihre Feinde zu verwirren und sich selbst in ihr zu verstecken. Forschende haben herausgefunden, dass die Tinte auch den Geruchssinn des Räubers manipuliert. Für ihn riecht der Seehase dann nicht mehr appetitlich.

ÜBLE ABLENKUNG

Tote Tiere zu fressen scheint nicht allzu gefährlich zu sein, aber in der Nähe halten sich meist auch Raubtiere auf. Wenn sich eine Raubkatze nähert, übergibt der Geier sich auf den Feind oder das Aas. Die Raubkatze wird von der ekelhaften Brühe abgelenkt und der Geier bringt sich rasch in Sicherheit.

Schlammspringer

Fische, die an Land laufen

PASS AUF, ICH BIN GEFÄHRLICH!

Schlammspringer sind Fische, die an Land laufen können. Fische mit Beinen? So ähnlich: Sie gehen mit ihren Brustflossen. Wenn Rivalen in ihre Nähe kommen, stellen sie ihre Rückenflosse auf, hüpfen in die Luft, öffnen ihr Maul weit und springen dann auf den Rivalen zu. Schließlich zieht sich derjenige Fisch zurück, der unterlegen ist.

SO STARK BIN ICH!

Für ein wildes Tier kann auch eine kleine Verletzung den Tod bedeuten. Deshalb kämpfen viele Tierarten nicht miteinander. Sie fechten die Rangordnung mit Scheinkämpfen aus, bei denen niemand verletzt wird.

Küssende Guramis

KNUTSCHENDE FISCHE

Guramis sehen niedlich aus, wenn sie sich küssen, aber in Wirklichkeit testen die Männchen auf diese Weise aus, wer der Stärkere von beiden ist. Sie versuchen sich mit den Mündern gegenseitig wegzudrücken.

SCHICKE PERÜCKE

Rothirsche röhren in der Paarungszeit, um Rivalen aus ihrem Revier zu vertreiben. Die Hirsche rangeln mit ihren Geweihen, um auszutesten, wer der Stärkere ist. Damit das Geweih noch beeindruckender aussieht, wühlen einige sogar mit ihm im Unterholz, sodass es anschließend mit Pflanzen bedeckt ist. Das soll schwächere Hirsche in Angst und Schrecken versetzen.

Rothirsch

Karolina-Laubfrösche messen ihre Kräfte, indem sie möglichst tief quaken. Bei kleinen Fröschen klingen die Laute meist höher, aber manche haben gelernt, tiefer zu quaken.

Gebänderte Rattenschlangen

SCHLANGENTÄNZE

Männchen der Gebänderten Rattenschlange behaupten ihre Reviere mit Tänzen. Sie verschlingen ihre Körper dabei wie Zöpfe oder Knoten ineinander. Rivalen tanzen, bis einer merkt, dass er schwächer ist, und sich davonschlängelt.

DU KRIEGST MICH NICHT!

Manche Tiere zeigen ihren Feinden, dass sie gesund und stark sind und es gar keinen Sinn hat, sie zu jagen. Schnelle, kräftige Tiere sind keine guten Beutetiere.

HOHE SPRÜNGE

Springböcke sind sehr kräftig und fit. Bei Gefahr springen die afrikanischen Antilopen hoch in die Luft, um zu zeigen, dass sie so stark und schnell sind, dass keiner sie erbeuten kann. Ist ein Raubtier in der Nähe, springt die ganze Antilopenherde auf und ab.

SCHWÄCHELT EINER?

Ein einzelner hüpfender Springbock zeigt: „Ich bin fit!" Wenn die ganze Gruppe springt, können Raubtiere herausfinden, welche Tiere die schwächsten sind. Jäger erbeuten meist verletzte oder schwache Tiere.

LIEGESTÜTZEN

Westliche Stachelleguane machen Liegestützen, und zwar an Stellen, wo man sie besonders gut sehen kann. Auf diese Weise zeigen sie, wie stark und fit sie sind. Ihre blauen Flanken blitzen bei jeder Liegestütze auf und beeindrucken Partnerinnen und Rivalen. Kommt ein zweites Männchen dazu, versuchen die beiden sich gegenseitig zu überbieten.

Westlicher Stachelleguan

FLUSSPFERD

Wenn Flusspferde gähnen, sieht es so aus, als wären sie müde, aber das ist gar nicht der Fall. Das Gähnen ist eine Warnung, denn so präsentieren die Tiere ihre gewaltigen Zähne und machen deutlich, dass es keine gute Idee ist, sich mit ihnen anzulegen.

HAU AB!

Manche Tiere sind Meister darin, anderen mitzuteilen: „Hüte dich vor mir!“ Nähert sich ein Feind, verstärken sie ihr Drohverhalten. So ist unmissverständlich klar, dass andere Tiere sich fernhalten sollen.

Klapperschlangen rasseln schneller, wenn sich ein Feind nähert.

FRÜHWARNSYSTEM

Das Rasseln der Texas-Klapperschlange ist eine Warnung, mit der sie deutlich macht, dass sie gleich beißen wird. Klapperschlangen warnen ihre Feinde zuerst und beißen nicht sofort mit ihren Giftzähnen zu.

KLAPPERSCHLANGE

Das Rasseln erzeugt die Schlange mit hohlen Schuppen an der Schwanzspitze. Sie schüttelt den Schwanz und zischt dabei. Erwachsene Klapperschlangen schütteln ihren Schwanz 90-mal pro Sekunde. Forschende vermuten, dass das Rasseln ursprünglich verhindern sollte, dass Bisons auf eine im Gras liegende Schlange treten.

UNFÄLLE

Klapperschlangen beißen in Nordamerika jedes Jahr ungefähr 1000 Menschen, und zwar meist dann, wenn jemand versucht sie anzufassen. Pro Jahr sterben aber weniger als vier Menschen am Biss einer Klapperschlange.

Texas-Klapperschlange

BIBER

Der Biber setzt seinen Schwanz vielfältig ein. Wenn das Nagetier mit seinen starken Zähnen Bäume fällt, stützt es sich mit ihm ab. Außerdem ist der Schwanz ein Fettspeicher für den Winter. Bemerkt ein Biber eine Gefahr, schlägt er mit seinem Schwanz auf die Wasseroberfläche, sodass ein lautes Platschen ertönt. Es ist eine Warnung an andere Biber, die sofort flüchten.

ROT SEHEN

Rot ist in der Natur eine besondere Farbe. Sie fällt auf und einige Tiere zeigen damit an: „Lass mich in Ruhe, ich schmecke scheußlich!"

EINE WARNFARBE

Rot ist in der Natur die häufigste Warnfarbe. Sie hebt sich besonders gut von grünen Pflanzen ab und ist auch aus der Ferne deutlich zu erkennen. Das ist auch der Grund, warum viele Verkehrsschilder rot sind. Räuber lernen, dass Tiere mit einer bestimmten Färbung schlecht schmecken oder wehrhaft und giftig sind.

Erschrockener Goldener Schildkrötenkäfer

TOMATENFROSCH

Tomatenfrösche leben auf der Insel Madagaskar. Wenn ein Raubtier einen Frosch fressen will, bläht er seinen Körper auf und seine Haut sondert eine scheußlich schmeckende weiße Flüssigkeit ab. Die Zunge des Angreifers wird taub und der Frosch kann meist entkommen. Und was lernt der Feind daraus? Iss niemals einen roten Frosch!

VERWANDLUNG

Der Goldene Schildkrötenkäfer verändert seine Farbe, um Weibchen anzulocken oder sich zu schützen. Er giltzert wie ein Juwel, wenn er Blätter frisst. Bei Gefahr passiert etwas Erstaunliches: Die goldene Färbung verschwindet und der Käfer färbt sich rot.

Entspannter Goldener Schildkrötenkäfer

Marienkäfer schrecken mit ihrer Färbung Feinde ab. Je leuchtender das Rot ist, desto giftiger sind sie.

WIE FUNKTIONIERT DAS?

Der Käfer schillert golden, weil eine Flüssigkeit unter dem durchsichtigen Panzer das Licht reflektiert. Bei Gefahr zieht der Käfer die Flüssigkeit in den Körper zurück, sodass die eigentliche rote Farbe der Flügeldecken sichtbar wird.

Wie durch Zauberhand färbt sich der goldene Käfer innerhalb von Sekunden rot.

Eine mutige Nebelkrähe greift einen Seeadler an.

ANGREIFER VERTREIBEN

Viele Vögel stoßen wütend auf Feinde herab, um sich und ihre Jungen zu verteidigen. Nähert sich zum Beispiel ein Seeadler einem fremden Nest, attackieren ihn die Vogeleltern laut kreischend aus der Luft. Oft gibt der erschrockene Angreifer auf.

VEREINTE KRÄFTE

Einige Tiere verteidigen sich nicht allein, sondern rufen andere zu Hilfe. Gemeinsam können kleine Vögel größere Feinde vertreiben.

HILFE HERBEIRUFEN

Viele Vogelarten zählen Greifvögel zu ihren Feinden. Wenn sie einen sehen, erregen die aufgebrachten Vögel mit speziellen Rufen Aufmerksamkeit und holen Helfer herbei.

Um einen Angreifer zu vertreiben, arbeiten oft mehrere Tiere zusammen.

Küstenseeschwalbe

IGITT!

Um einen Feind zu vertreiben, stößt ein Vogel herab, kreischt und speit manchmal sogar Magenöl auf den Angreifer oder befeuert ihn mit Kot. Vögel, die in Kolonien brüten wie Seeschwalben oder Möwen, zeigen dieses Verhalten häufig.

Polarfuchs

Amerikanerkrähe

Baltimoretrupial

JÄGER UND GEJAGTE

Jäger haben auch eigene Feinde. Für Singvögel wie den Baltimoretrupial sind Krähen eine Bedrohung, während für die Krähe ein Habicht oder eine Eule Gefahr bedeutet. Auch Säugetiere wie Füchse und Schlangen werden von Vögeln vertrieben – und manchmal auch Menschen.

Silbermöwe

PIRATEN AM STRAND

Möwen stoßen manchmal aus der Luft herab, um Leuten einen Leckerbissen zu klauen. Eis ist bei ihnen sehr beliebt. Der Angriff lenkt den rechtmäßigen Besitzer ab und die Möwe schnappt sich schnell die Beute.

DEMOKRATIE

So wie in vielen Ländern ein Bundeskanzler oder eine Präsidentin gewählt wird, stimmen auch Wisente mehrheitlich ab.

Um sich gegenseitig mitzuteilen, dass die Herde in Sicherheit ist, nutzen Wisente einige unterschiedliche Kontaktlaute.

KÖRPERSPRACHE

Wisente zeigen an, wohin die Wanderung gehen soll, indem sie ihren Körper in diese Richtung drehen. Einige Herdenmitglieder wollen vielleicht zu saftigen Wiesen im Norden, während andere lieber nach Osten zu einer Wasserstelle ziehen wollen.

ABSTIMMUNG

Wisente beherrschen viele verschiedene Laute. Wenn sie aufgeregt sind oder wenn die Bullen sich paaren wollen, knörren sie. Außerdem stimmen sie darüber ab, wohin die Herde zieht.

STREIT VERHINDERN

Um Auseinandersetzungen zwischen Wisenten und Landwirten zu vermeiden, werden den Leittieren Halsbänder umgelegt. Die Bänder versetzen den Tieren einen leichten elektrischen Schlag, wenn sie auf ein Feld mit Nutzpflanzen ziehen. Das Leittier sucht dann anderswo Nahrung und die Herde folgt ihm.

Ein Leittier mit Halsband

Wisente stimmen über die Richtung der Wanderung ab, indem sie ihre Körper wie Kompassnadeln ausrichten.

MIR NACH!

Schließlich läuft ein Tier in eine Richtung los und andere folgen ihm. Manchmal teilt sich die Herde für einige Zeit, aber meist ziehen alle in die Richtung, in die die meisten Tiere wollten. Eine solche Abstimmung ist in der Tierwelt ungewöhnlich.

ZUGVÖGEL

Viele Vögel ziehen weite Strecken. Die Gründe dafür sind uns oft noch ein Rätsel. Forschende beginnen gerade erst zu verstehen, wie die Tiere die Entscheidung treffen aufzubrechen.

Rauchschwalbe

SCHWALBEN ZIEHEN EINZELN

Manche Zugvögel wie Rauchschwalben, die zwischen Europa und Afrika hin und her ziehen, fliegen allein. Wenn junge Vögel zum ersten Mal in ihr Winterquartier ziehen, wissen sie, wohin sie fliegen müssen, obwohl ihnen ihre Eltern den Weg nie gezeigt haben. Bei anderen Arten wie zum Beispiel den Kanadagänsen ist es anders.

ZEIT ZUM AUFBRUCH

Kanadagänse verlassen ihr Sommergebiet, wenn es dort kalt wird und die Nahrung knapp ist. Aber sie fliegen nicht einfach los, sondern „unterhalten sich“ miteinander, ob der Zeitpunkt zum Aufbruch günstig ist. Sie rufen laut und zeigen mit den Schnäbeln zum Himmel. Familiengruppen oder Schwärme aus mehreren Familiengruppen fliegen gemeinsam in den Süden.

Die geselligen Gänse teilen sich lautstark mit, dass sie nun bereit sind, in den Süden zu fliegen.

DIE ERSTE REISE

Weil Kanadagänse nicht ihrem Instinkt folgen, müssen sie die Zugstrecke lernen. Sie merken sich auffällige Landmarken wie Küstenverläufe und Gebirgszüge. Auch die Sonne und die Sterne helfen ihnen bei der Orientierung. Junge Gänse folgen auf dem ersten Zug ihren Eltern und anderen erwachsenen Vögeln.

ENERGIE EINSPAREN

Es hat für die Gänse viele Vorteile, im Schwarm zu ziehen, denn das Fliegen erfordert viel Kraft. Deshalb ziehen die Vögel bei gutem Wetter mit Rückenwind. Sie fliegen auch in Formation. So haben die Vögel hinter der Gans an der Spitze weniger Luftwiderstand und mehr Auftrieb.

Die Gänse fliegen in V-Formation, weil es sie weniger Kraft kostet.

HALLÖCHEN!

Wanderalbatrosse sind sehr romantisch und Paare bleiben ein Leben lang zusammen. Wenn ihr Junges flügge geworden ist, verbringen die Vögel viele Monate allein auf dem Meer. Treffen sich die Paare wieder, tanzen sie zur Begrüßung. Sie breiten ihre Flügel aus, berühren sich mit den Schnäbeln und schütteln die Köpfe. Für uns hört sich das ziemlich schräg an, aber die Albatrosse feiern auf diese Art ihr Wiedersehen.

Albatrosse

TÄNZE UND GESCHENKE

Bevor Vögel ihre Jungen großziehen, balzen sie und festigen ihre Bindung als Paar. Dabei überreichen sich manche Vogelpaare Geschenke und tanzen gemeinsam.

Wegekuckuck

Als Zeichen seiner Liebe überreicht der Wegekuckuck seiner Liebsten eine tote Eidechse.

Eselspinguine

STEINCHEN STATT BLUMEN

Nichts geht für einen Eselspinguin über einen hübschen Kieselstein, wenn er „Ich liebe dich!" sagen will. Eselspinguine nisten auf Steinhaufen an Stränden. Die Männchen sammeln die schönsten Steine und präsentieren sie ihrer Partnerin, dazu geben sie ähnliche Laute von sich wie ein Esel. Die Steine werden im Nest verbaut. Manchmal klauen die frechen Vögel Steinchen vom Nest ihres Nachbarn.

Seidenlaubenvogel-Weibchen

Seidenlaubenvogel-Männchen

LAUBENVÖGEL

Seidenlaubenvogel-Männchen bauen die schönsten Lauben. Diese kunstvollen Bauwerke aus Gräsern werden mit bunten Gegenständen dekoriert. Am beliebtesten sind Blütenblätter, Flaschenverschlüsse, Plastikgabeln, Schneckenhäuser und Strohhalme – Hauptsache farbenfroh. Sie werden sorgfältig um die Laube gelegt, denn sie sollen Weibchen beeindrucken. Die meisten Laubenvögel mögen am liebsten blaue Dinge.

PINGUINTANZ

Haubentaucher tanzen den Pinguintanz, wenn sie balzen. Zunächst rufen sich ein Männchen und ein Weibchen über den See hinweg zu. Sie nicken mit dem Kopf, bevor sie abtauchen und Wasserpflanzen nach oben bringen. Die halten sie im Schnabel, während sie aufeinander zu schwimmen. Dann paddeln sie schnell mit den Füßen und richten ihre Körper auf. Berühren sich die Brüste der Vögel, sind die beiden ein Paar.

Haubentaucher

SPEKTAKULÄRE SHOW

Das Kragenparadiesvogel-Männchen tanzt wie ein Magier. Es landet vor dem Weibchen und hebt seine Flügel, bis sie einen tiefschwarzen Halbkreis mit einer hypnotisierenden blauen Zeichnung bilden. Dann hüpft es um das Weibchen herum, um es davon zu überzeugen, sich mit ihm zu paaren.

Kragenparadiesvogel-Männchen

COOLE TÄNZE

Diese Tiere wollen rhythmisch beeindrucken: Mit gekonnten Tanzeinlagen hoffen sie ein Weibchen für sich zu gewinnen.

Pfauenspinnen-Männchen

ER TANZT UM SEIN LEBEN

Dieses bunte Kerlchen ist nur so groß wie ein Reiskorn, aber es hat so einige Tricks auf Lager. Wenn ein Pfauenspinnen-Männchen die Aufmerksamkeit eines Weibchens erregt hat, richtet es seinen bunten Hinterleib auf und schwenkt zwei seiner Beine hin und her. Sein Paarungstanz muss das Weibchen unbedingt beeindrucken, denn sonst wird es von der umworbenen Dame aufgefressen.

Bei Fetzenfischen entwickeln sich die Eier in einer Bauchtasche des Männchens.

Fetzenfische

GEMEINSAM SCHWIMMEN

Fetzenfische haben ein ganz besonderes Paarungsritual. In perfeker Harmonie gleiten sie elegant nebeneinander her. Dies funktioniert, da beide die Körperbewegungen des Partners nachahmen. Der Tanz beginnt an einem Frühlingstag bei Sonnenuntergang und dauert bis in die Nacht.

HYPNOTISIEREND

Bei seinem Balztanz hockt sich das Straußenmännchen hin und breitet seine Flügel aus, während es sich rhythmisch hin und her bewegt. Das Weibchen beurteilt die elegante Darbietung und entscheidet, ob der Tänzer beeindruckend genug war und ein guter Partner für sie ist.

Afrikanischer Strauß

WER FÜHRT?

Wenn Ärger droht, müssen Freunde und Rivalen wissen, wer das Sagen hat, wer gefährlich ist und wem man trauen kann. Affen sind dafür besonders bekannt.

MACHT ZEIGEN

Berberaffen leben in Gruppen mit einer strengen Rangordnung. Ein großer Teil ihrer Kommunikation dient dazu, diese Ordnung aufrechtzuerhalten. Dafür unterhalten sich die Affen mit Lauten und mit Körpersprache. Gibt es Streit, klettern die ranghöchsten Männchen auf Bäume und rütteln an Ästen. Derjenige, der die dicksten Äste bewegen kann, ist der Sieger.

Äste schütteln

DROHVERHALTEN

Drohen ist ungefährlicher als ein richtiger Kampf. Dominante Berberaffen zeigen ihre beeindruckenden Eckzähne, wenn sie sagen wollen: „Leg dich nicht mit mir an!“

IST JA SCHON GUT ...

Die anderen bemühen sich den Anführer nicht zu provozieren. Ihre Körperhaltung ist unterwürfig und ihr Gesichtsausdruck ängstlich.

ALLES WIEDER IN ORDNUNG

Falls es zum Kampf kam, ist es wichtig, dass die Spannung in der Gruppe wieder abgebaut wird. Das gelingt am besten, indem sich die Tiere gegenseitig lausen und umarmen.

PANAMA-KAPUZINERAFFEN

Wenn diese Äffchen sich bedroht fühlen, kommt es zu einem einzigartigen Verhalten: Zwei Affen halten ihre Köpfe übereinander, schauen wütend drein und zeigen dabei ihre langen Eckzähne. Der Feind nimmt einen größeren Kopf und viele Zähne wahr und ergreift erschrocken die Flucht.

Berberaffen

SICH LAUSEN

Affen lausen sich gegenseitig, um ihre Freundschaften zu pflegen. Das Verhalten hat also gar nicht so viel damit zu tun, dass die Tiere ihre Parasiten loswerden wollen, sondern es festigt die Gemeinschaft.

Berberaffen lausen sich täglich mehrere Stunden lang.

BLINKENDE LICHTER

Glühwürmchen sind Käfer, die nach Einbruch der Dunkelheit auf sich aufmerksam machen. Sie knipsen ihren Hinterleib an und aus wie eine Taschenlampe. So locken die Männchen die Weibchen an. Da es viele verschiedene Glühwürmchenarten gibt, hat jede ihr eigenes Blinkmuster, mit dem nur Artgenossen angelockt werden.

Glühwürmchen

Wenn der chemische Stoff Luziferin im Körper mit Sauerstoff reagiert, wird Licht erzeugt.

Buckliger Anglerfisch

ANGEL MIT LEUCHTKÖDER

Die Weibchen der Buckligen Anglerfische haben viele spitze Zähne. Sie ködern ihre Beute mit einem langen Stab oben am Kopf an. Die Spitze leuchtet in der Dunkelheit und lockt kleine Fische zum riesigen Maul. Es schnappt plötzlich zu und der Anglerfisch verschluckt sein neugieriges Opfer.

EINLADUNGEN

In finsteren Neumondnächten oder in der dunklen Tiefsee erzeugen verschiedene Lebewesen ihr eigenes Licht. Man nennt dies Biolumineszenz. Damit locken sie mögliche Partnerinnen oder Partner, aber auch Beute an.

Dinoflagellaten

MEERESLEUCHTEN

Dinoflagellaten sind Einzeller und weder Pflanzen noch Tiere. Sie sind so klein, dass man sie nur unter dem Mikroskop erkennen kann. Im Meer steigen in der Nacht Millionen von ihnen zur Oberfläche auf, sodass das Wasser blau leuchtet. Forschende versuchen noch herauszufinden, weshalb die Dinoflagellaten blaues Licht erzeugen.

Laternenträger

FISCHSCHWÄRME

Laternenträger jagen in riesigen Schwärmen. Die kleinen Fische stimmen ihre Bewegungen dabei perfekt aufeinander ab. Unter den Augen besitzen sie einzigartige Leuchtorgane. In ihnen leben Milliarden Bakterien, die Licht erzeugen, das Plankton anlockt. Wenn der Fisch mit einer Art Augenlid das Leuchtorgan verschließt, knipst er sozusagen das Licht aus.

ESSEN TEILEN

Manche Tiere teilen ihr Essen mit anderen, damit alle satt werden. So stärken sie ihre sozialen Bindungen und pflegen Freundschaften. Nicht immer tun sie das aus selbstlosen Gründen.

DORT GIBT ES NEKTAR!

Wenn eine Honigbiene Blüten findet, die viel Nektar enthalten, fliegt sie in den Stock und teilt den anderen Bienen mit, wo diese sie finden können.

SCHWÄNZELTANZ

Findet eine Biene eine Futterquelle, führt sie einen speziellen Tanz auf, um den anderen Bienen den Weg zu den Blüten zu zeigen. Beim Schwänzeltanz bewegt sich die Biene in Form einer Acht.

DIE TANZRICHTUNG

Die Bienen nutzen diese Informationen und orientieren sich dabei auch an der Sonne und der Lage des Bienenstocks.

FLEDERMAUS-GEPLAUDER

Die Nahrung der Vampirfledermäuse besteht zu 100 Prozent aus Blut. Diese Säugetiere ruhen in Mexiko sowie Zentral- und Südamerika in Höhlen und Baumlöchern. Wir fangen erst an zu verstehen, wie kompliziert ihre Sprache ist. Die Fledermäuse haben Freunde und Verbündete und merken sich, wer ihnen hilft, um ihre Schuld zu begleichen. Mit Lauten teilen sie mit: „Ich bin allein" oder „Bleib mir fern!"

Wenn ein Mitglied der Gruppe hungrig ist, wird es von Weibchen mit Blut gefüttert.

ES GIBT ESSEN!

Wenn eine Fledermaus satt ist, ruft sie mit Ultraschalllauten ihre Freunde herbei. Weil die Wunde bereits offen ist, hat es die nächste Fledermaus leichter, Blut zu trinken.

NAHRHAFTES BLUT

In der Nacht verlassen die Fledermäuse ihr Versteck und gehen auf die Jagd. Sie suchen sich ein Opfer und landen auf ihm. Meist ist es ein Rind. Mit der temperaturempfindlichen Schnauze spüren sie die warmen Blutgefäße auf. Dann beißen sie mit ihren rasiermesserscharfen Zähnen zu und schlecken das Blut auf.

MENSCHEN-SPRACHE

Einige intelligente Tierarten verstehen die menschliche Sprache und haben gelernt sie auch zu sprechen.

FREUND ODER FEIND?

Afrikanische Elefanten können die Sprache der Jäger in ihrem Gebiet von anderen Sprachen unterscheiden. Wenn die Elefanten eine andere Sprache hören, reagieren sie nicht. Hören sie die Sprache der Jäger, ergreifen sie sofort die Flucht.

Gorilladame Koko

Afrikanischer Elefant

GEFÜHLE VON MENSCHENAFFEN

Koko, ein Gorillaweibchen, nahm an einer Studie teil. Man hatte ihr eine Gorilla-Zeichensprache beigebracht. Mit Gesten konnte Koko rund 1000 Wörter ausdrücken und sie verstand etwa 2000 gesprochene Wörter. Als eine Katze starb, die Kokos Freundin gewesen war, machte sie die Zeichen für „weinen", „traurig" und „die Stirn runzeln". Wir Menschen haben dieselben Gefühle, wenn wir einen Freund verlieren.

Graupapagei Alex

EIN SEHR INTELLIGENTER PAPAGEI

Alex, ein afrikanischer Graupapagei, ahmte nicht nur die menschliche Sprache nach, sondern er verstand sie auch. Er nahm an einer Studie teil, die 30 Jahre dauerte, und lernte 100 Wörter. Er konnte einfache Matheaufgaben lösen und verschiedene Formen und Farben unterscheiden. Wie ein Kind sagte er Nein, wenn er etwas ablehnte, und „ich will“, wenn er etwas haben wollte.

Alex starb friedlich. Seine letzten Worte zu seiner Pflegerin waren: „Du bist gut. Ich liebe dich.“

Ein Border Collie hütet Schafe.

Such- und Rettungshund

HUNDE UND MENSCHEN

Hunde leben seit 25 000 Jahren mit Menschen in Gemeinschaft und verstehen viel mehr als „Sitz!“ und „Komm her!“ Sie arbeiten als Schäferhunde, Rettungshunde oder Wach- und Begleithunde. Man scannte ihre Gehirne und konnte zeigen, dass die meisten Welpen etwa 90 Wörter verstehen, ähnlich viele wie ein 18 Monate altes Baby. Einige Hunde kennen sogar über 200 Wörter. Sie lesen auch unsere Körpersprache und unsere Stimmung. Die intelligenteste Rasse ist der Border Collie.

ZUSAMMEN-ARBEIT

Manchmal muss man nur ein gemeinsames Ziel haben und die richtigen Leute kennen, um Nahrung zu finden.

BEGEHRTE NAHRUNG

Große Honiganzeiger ernähren sich vom Wachs und den Larven von Wildbienen. Ohne Hilfe können sie die Bienennester jedoch nicht öffnen. Menschen lieben Honig, aber sie finden die Bienennester oft nicht. Wenn die Vögel und die Menschen zusammenarbeiten, haben beide einen Vorteil. In Mosambik tun sie das seit Jahrtausenden.

BIENENNESTER PLÜNDERN

Die Teamarbeit funktioniert perfekt. Die Menschen summen „Brrr hmmm", damit die Honiganzeiger wissen, dass sie aufbrechen. Die Vögel fliegen voran und rufen immer wieder: „Tja!", um die Honigsammler zu den Bienennestern zu führen. Mit speziellen Äxten öffnen diese die Nester und besänftigen die aufgeschreckten Bienen mit Rauch. Sie ernten den Honig, während die Vögel Wachs und Larven fressen.

Der Honigsammler ruft den Honiganzeiger herbei.

Der Honiganzeiger führt den Menschen zum Bienennest und beide teilen sich die Beute.

AFFEN UND MENSCHEN

Der Uluwatu-Tempel auf der indonesischen Insel Bali ist ein beliebtes Ziel für Touristen. Hier leben Javaneraffenhorden. Der Legende nach sind die Affen die Seelen von Kriegern, die den Tempel beschützen. Sie sollen Glück bringen. Auf jeden Fall machen die Tiere ihre Späße mit den Menschen.

Tiere ändern ihr Verhalten immer wieder, weil sie dazulernen.

Javaneraffe

TAUSCHGESCHÄFTE

Die schlauen Affen packen gern das Smartphone eines Touristen und wollen es scheinbar zurückgeben, nur um es gleich wieder wegzuziehen. Erst wenn der Tourist ihnen Futter anbietet, bekommt er es zurück. Die Affen klauen auch Sonnenbrillen und Brieftaschen, um sie gegen eine Belohnung wieder herauszurücken. Wenn die Menschen den Handel begriffen haben, haben sie genauso viel Spaß wie die Affen.

REGISTER

N

O

P, Q

R

S

T

U

V

W

Z

ÜBER DIE AUTOREN

MICHAEL LEACH träumte als Kind davon, zu fernen Inseln zu reisen und sich dort mit wilden Tieren zu unterhalten. Später, als Kameramann für die BBC, Tierfotograf und Autor, traf er endlich die Schimpansen, Makaken und Schneeaffen, über die er im Studium viel gelernt hatte. Heute ist er Ehrenmitglied einer Gruppe Berggorillas.

MERIEL LLAND wuchs mit einer Gänsefamilie, exzentrischen Tauben, schnurrenden Katzen, mürrischen Hunden und einem schlauen Ferkel auf. Sie verbrachte viel Zeit damit, die Hühnersprache zu lernen. Als Autorin, Fotografin und Filmemacherin setzt sie sich leidenschaftlich für den Schutz der Natur ein.

Meriel und Michael schreiben, berichten und fotografieren in aller Welt, um die Wunder der Natur anderen zu vermitteln. Gemeinsam haben sie mehr als 40 Bücher geschrieben.

ÜBER DIE ILLUSTRATORIN

ASIA ORLANDO ist digitale Illustratorin und Umweltschützerin. Sie fertigt Illustrationen für Bücher, Magazine und Poster an, in denen Tiere und Menschen in Harmonie mit ihrer Umwelt leben. Außerdem bringt sie auf Social Media Illustrierende zusammen, die an Umweltthemen interessiert sind.

DANK UND BILDNACHWEIS

Der Verlag dankt folgenden Personen und Institutionen für die freundliche Genehmigung zum Abdruck von Fotos:

(Abkürzungen: o = oben; u = unten; m = Mitte; g = ganz; l = links; r = rechts)

6 Alamy Stock Photo: mauritius images GmbH / Gerard Lacz (gol); Thomas Marent / Minden Pictures (mr). **Dreamstime.com:** Jonathan Oberholster (um). **7 Alamy Stock Photo:** Mark Bowler (mr); Sorin Colac (gol). **8 Alamy Stock Photo:** STERKL (gol); Quang Nguyen Vinh (mru). **9 Alamy Stock Photo:** Victor Tyakht (gor). **Hctor Bottai:** (ul). **10-11 Alamy Stock Photo:** Robertharding / Christian Kober (go). **12 Alamy Stock Photo:** Blickwinkel / F. Hecker. **14 Alamy Stock Photo:** Nature Picture Library / Mark MacEwen (r). **15 naturepl.com:** Chien Lee (go). **16-17 Alamy Stock Photo:** Nature Picture Library / Tony Wu (go). **18 Alamy Stock Photo:** Konrad Wothe / Minden Pictures (ur). **Dreamstime.com:** Ruslan Gilmanshin (mlo). **19 Alamy Stock Photo:** imageBROKER / Herbert Kehrer (mr). Dreamstime.com: Anagram1 (gor). **20-21 naturepl.com:** Donald M. Jones (go). **22 Alamy Stock Photo:** John Warburton-Lee Photography / Nigel Pavitt (m). **23 Alamy Stock Photo:** Jamie Pham (go). **24 Getty Images / iStock:** Andrew_Howe (r). **25 Alamy Stock Photo:** Robertharding / Michael Nolan (go). **26 Alamy Stock Photo:** Blickwinkel / Hauke (u). **27 Alamy Stock Photo:** AGAMI Photo Agency / Brian E. Small (m); William Leaman (ul). **28 Alamy Stock Photo:** Colin Black (mlu); Fabrice Bettex Photography (gol). **29 Alamy Stock Photo:** AfriPics.com (ml); Dave Watts (mro). **30 naturepl.com:** Suzi Eszterhas (m). **31 naturepl.com:** Andy Rouse (m). **32 Alamy Stock Photo:** Malcolm Schuyl (m). **33 Dreamstime.com:** Andrey Gudkov (mo); Emanuele Leoni (l). **34 Alamy Stock Photo:** Nature Picture Library / Ingo Arndt (gol). **35 Judy Gallagher:** (gor). **T. Komatsu / Japan. Sci Rep 6, 36364 (2016). 36-37 Alamy Stock Photo:** Nature Picture Library / Kim Taylor (m). **38 Warren Photographic Limited:** (gol). **39 Alamy Stock Photo:** Helmut Corneli (mlo/mo); Konrad Wothe / Minden Pictures (ul); Donald M. Jones / Minden Pictures (ur). **40 Dreamstime.com:** Mikalay Varabey (gol). **40-41 Alamy Stock Photo:** Danita Delimont Creative / Danita Delimont. **41 Dreamstime.com:** Mikalay Varabey (ul). **42 Alamy Stock Photo:** Mike Lane (gor); Fred Bavendam / Minden Pictures (ml). **43 Alamy Stock Photo:** Dinodia Photos RM (ml). **naturepl.com:** Ernie Janes (mr). **44 Alamy Stock Photo:** Ann and Steve Toon (l). **45 123RF.com:** gator (go). **46 Alamy Stock Photo:** Robert Hamilton (m). **naturepl.com:** MYN / Paul Marcellini (gol). **47 Alamy Stock Photo:** Nature Picture Library / Alex Hyde (m). **48-49 Alamy Stock Photo:** Tom Vezo / Minden Pictures (go). **50 Alamy Stock Photo:** Stephen Dalton / Minden Pictures (gol). **naturepl.com:** Jane Burton (mru). **51 Dreamstime.com:** Ondej Prosick (ul). **Getty Images:** The Image Bank / Enrique Aguirre Aves (mr). **52 Dreamstime.com:** Johannes Gerhardus Swanepoel (go). **53 Alamy Stock Photo:** Andrew DuBois (u). **54-55 Alamy Stock Photo:** Tom Ingram (m). **56 Dreamstime.com:** Paul Reeves (u). **57 Alamy Stock Photo:** Arya Satya (go). **58 Dreamstime.com:** Lucaar (gol). **59 Dreamstime.com:** David Head (gol); David Des Rochers (mr); Tupungato (ul). **60-61 Alamy Stock Photo:** Szymon Bartosz (go). **61 Alamy Stock Photo:** Roy Waller (gom). **62 naturepl.com:** Alan Williams (mlo). **62-63 naturepl.com:** Marie Read (go). **64 Alamy Stock Photo:** Avalon.red / Andy Rouse (gor); Nature Picture Library / Ben Cranke (um). **65 naturepl.com:** Krijn Trimbos (ur). **Julius Simonelli:** (gol). **66 Alamy Stock Photo:** BIOSPHOTO / Adam Fletcher (mlu); Corbin17 (gor). **67 Alamy Stock Photo:** Danita Delimont / Adam Jones (ur); Leonid Serebrennikov (mlo). **68 Dreamstime.com:** Julian Schaldach (gor). **68-69 Alamy Stock Photo:** imageBROKER / Jrgen Mller. **70 naturepl.com:** Ripan Biswas (gor); Solvin Zankl (ul). **71 Getty Images / iStock:** RugliG (mro). **Science Photo Library:** Dante Fenolio (ul). **72 naturepl.com:** Ingo Arndt (m). **73 naturepl.com:** Barry Mansell (m). **74 Dreamstime.com:** Holger Karius (mr). **Getty Images:** Hearst Newspapers / San Francisco Chronicle / Jerry Telfer (ml). **75 Dreamstime.com:** Rouakcz (ul). **Getty Images:** Mark Wilson / The Boston Globe (gol). **76 Alamy Stock Photo:** Dave Keightley (m). **77 Alamy Stock Photo:** robertharding / John Alexander (m).

Cover: Vorn: **Dreamstime.com:** Anagram1.

Weitere Informationen unter: www.dkimages.com

Die Autoren danken

dem inspirierenden Kreativteam von DK. Einen donnernden Applaus für unseren Herausgeber James Mitchem und seinen Assistenten Kieran Jones. Ihre Freundlichkeit, Klugheit, Unterstützung, Begeisterung und Geduld waren Gold wert. Tausend Dank an das großartige Design-Team – Sonny Flynn, Charlotte Milner, Charlotte Jennings und Bettina Myklebust Stovne. Sie haben uns aufmerksam zugehört und hochprofessionell mit uns zusammengearbeitet.

Einen besonderen Dank an unsere Illustratorin Asia Orlando, die diese Seiten zum Leben erweckt hat. Deine Energie ist ansteckend!

Und schließlich möchte Meriel Peter, Margaret, David, Finn und Otto danken. Und ein „Grrrrr wuff" an Betsy-Boo, ihren gesprächigen Hund. Boo kann Gedanken und Stimmungen lesen und hat mindestens fünf Laute und Gesichtsausdrücke für „Ein Leckerli bitte!" – genial.

DK dankt

Helen Peters für das Register;
Laura Barwick für die Bildrecherche; Sakshi Saluja und Nehal Vermafor für die Assistenz.